AF315914

SERVICE INTÉRIEUR
DES CORPS DE TROUPE

(Décret du 25 mai 1910)

FASCICULE

DES

Modifications apportées à ce Règlement depuis sa publication

Décrets modifiant le décret du 25 mai 1910 portant règlement sur le service intérieur des corps de troupe.

Paris, le 4 février 1911.

DÉCRET.

Art. 1er. L'article 73 du décret du 25 mai 1910 est abrogé et remplacé par le suivant :

« Le supérieur parlant à l'inférieur l'appelle :

« *Général*, si l'inférieur est général de division ou de brigade ou pourvu d'un grade correspondant dans la hiérarchie propre du corps auquel il appartient;

« *Colonel*, s'il est colonel ou lieutenant-colonel ou pourvu d'un grade correspondant dans une hiérarchie propre;

« *Commandant*, s'il est chef de bataillon ou d'escadron ou pourvu d'un grade correspondant dans une hiérarchie propre;

« *Capitaine*, s'il est capitaine ou pourvu d'un grade correspondant dans une hiérarchie propre;

Paris, le 14 janvier 1912.

DÉCRET.

Art. 1er. L'article 201 du décret du 25 mai 1910 sur le service intérieur des corps de troupe, modifié par les décrets des 8 juillet 1910 et 21 octobre 1911, est remplacé par le suivant :

« *Art. 201.* Les soldats des différents corps de troupe ne peuvent être envoyés aux sections spéciales que par la décision du Ministre de la Guerre, rendue sur proposition du général commandant le corps d'armée, après avis d'un conseil de discipline, et dans les cas suivants :

« 1° Lorsqu'ils prennent part à des actes collectifs d'indiscipline ou que, sans tomber sous le coup des dispositions de l'alinéa 2° ci-dessous, ils commettent une ou plusieurs fautes dont la gravité, en raison du caractère particulier de ces fautes ou des circonstances qui les accompagnent, rend insuffisante la répression par de simples peines disciplinaires;

« 2° Lorsqu'ils tiennent une conduite dépravée ou persistent, par des fautes et contraventions que de simples peines disciplinaires sont impuissantes à réprimer, à porter le trouble et le mauvais exemple dans le corps dont ils font partie, lorsqu'ils se mutilent volontairement après leur incorporation, ou, enfin, lorsque, sans tenir compte des remontrances et des punitions, ils simulent, de parti pris, des infirmités, dans le but de se soustraire au service.

« L'envoi aux sections spéciales des militaires des corps spéciaux d'Afrique est prononcé conformément aux indications du tableau ci-dessous :

TABLEAU

DÉSIGNATION des CORPS DE TROUPE	AUTORITÉS qui prononcent l'envoi aux sections spéciales.	OBSERVATIONS.
Bataillons d'infanterie légère d'Afrique.	Général commandant le 19ᵉ corps d'armée.................. Général commandant la division d'occupation de Tunisie.... Général commandant les troupes débarquées au Maroc...... Général commandant les confins marocains...............	Pour les militaires des bataillons d'Afrique placés sous leurs ordres
Corps de troupe indigènes d'Afrique.	Généraux commandant les divisions en Algérie.......... Général commandant la division d'occupation de Tunisie.... Général commandant les troupes débarquées au Maroc........ Général commandant les confins marocains...............	Pour les militaires des corps de troupe indigènes d'Afrique placés sous leurs ordres
Régiments étrangers.	Général commandant la division d'Oran.................. Général commandant les troupes débarquées au Maroc....... Général commandant les confins marocains...............	Pour les militaires des régiments étrangers placés sous leurs ordres

« L'envoi aux sections spéciales organisées dans certains corps de troupe stationnés aux colonies est prononcé, dans les mêmes conditions, par les commandants supérieurs des troupes, quand ils sont officiers généraux. »

Paris, le 7 avril 1911.

DÉCRET.

Art. 1ᵉʳ. Le paragraphe 12 de l'article 67 du décret susvisé du 25 mai 1910 est modifié et remplacé par les dispositions suivantes :

« En dehors du service, les officiers ou assimilés sont autorisés à porter la tenue bourgeoise. Les adjudants, ainsi que les sous-officiers mariés à solde mensuelle, peuvent porter cette tenue les dimanches et jours fériés.

« Le colonel peut également autoriser, à titre exceptionnel, les autres sous-officiers à porter cette tenue, sur demande formulée en vue d'un objet déterminé, tel que réunion sportive ou excursion; l'autorisation est spéciale à chaque demande.

« Il peut autoriser les sous-officiers et caporaux rengagés à la revêtir quand ils sont en permission; dans les mêmes conditions, il n'accorde qu'exceptionnellement cette autorisation aux gradés non rengagés et aux hommes de troupe; mention de cette autorisation est portée sur le titre d'absence. »

Paris, le 14 mai 1912.

DÉCRET.

Art. 1er. Le premier alinéa de l'article 76 du décret du 25 mai 1910 sur le service intérieur des corps de troupe est remplacé par le suivant :

« Les officiers peuvent, sous leur signature et sous leur responsabilité, publier des écrits; il leur est, toutefois, interdit de faire suivre leur signature de l'indication des fonctions qu'ils exercent ou qu'ils ont précédemment occupées, et d'en faire mention dans le corps de l'écrit. L'auteur d'un écrit est tenu d'en adresser un exemplaire ou une copie au chef du corps auquel il appartient, dès le moment de sa publication. Quelles que soient la nature et la forme de l'écrit, le chef de corps a tout pouvoir d'appréciation et de sanction vis-à-vis de ceux de ses subordonnés dont les écrits seraient jugés, par lui, préjudiciables à la discipline. »

Paris, le 14 mai 1912.

DÉCRET.

Art. 1er. L'alinéa final de l'article 103 du décret du 25 mai 1910 est supprimé et remplacé par les dispositions suivantes :

« Pendant la nuit, la surveillance et la police de la caserne sont assurées par un officier de service qui couche au quartier.

« Cet officier relève du commandant de service; il a sous ses ordres un sous-officier adjoint. Il fait prendre toutes les mesures qui lui paraissent imposées par les circonstances. Il prescrit l'exécution immédiate des punitions, lorsque la discipline et le maintien de l'ordre l'exigent.

« Tous les officiers subalternes, à l'exception des comptables, concourent à assurer le service de nuit; ils sont désignés, à cet effet, à tour de rôle, soit par jour, soit par semaine. L'heure de la prise du service est réglée par le chef de corps de manière qu'il y ait toujours un officier à la caserne.

« Dans les casernements où sont logés plusieurs corps ou fractions de corps, le service de nuit peut être assuré par un seul officier assisté d'un seul sous-officier adjoint. Dans les casernements où les effectifs sont au plus égaux à 4 compagnies, 3 batteries ou deux escadrons, l'officier de service pendant la nuit est remplacé par un sous-officier qui n'a pas de gradé adjoint.

Art. 2. L'article 188 du décret susvisé du 25 mai 1910, ainsi que les articles 189, 190, 198 (§ 1 et tableau annexé), 205 et 208 de ce décret sont modifiés et remplacés par les dispositions suivantes :

Droit de punir.

« *Art. 188.* Tout supérieur, quel que soit son grade et à quelque corps qu'il appartienne, a le devoir strict de contribuer au maintien de la discipline générale en relevant toute faute de ses inférieurs et en s'efforçant d'y mettre fin, lorsque cette faute se poursuit.

« Lorsqu'il le juge nécessaire, et dans tous les cas, lorsque ses ordres sont méconnus, il réprime les infractions en infligeant les punitions prévues par les règlements.

« Le droit de punir appartient, à cet effet, à tous les gradés dans les conditions fixées par l'article 189 ci-après, et dans les limites déterminées par les articles 198 et 208.

« Le chef du détachement, s'il est officier supérieur, a les mêmes droits que le colonel en matière de punitions. S'il est officier subalterne, il a les mêmes pouvoirs que le commandant d'unité. Les sous-officiers ou caporaux chefs de détachement ou de poste possèdent les droits du sous-lieutenant.

« Tout militaire qui remplit momentanément une fonction possède, en matière de punition et quel que soit son grade, les même droits que le titulaire de cette fonction. Les simples soldats remplissant les fonctions de caporal ont les droits du caporal.

« Lorsqu'un chef estime que les pouvoirs disciplinaires dont il dispose ne lui permettent pas une sanction suffisante, il prend les mesures nécessitées par l'intérêt de la discipline et du bon ordre et en adresse aussitôt le compte rendu à l'autorité dont il relève.

« Dès qu'une punition est prononcée, le chef qui l'a infligée la notifie ou la fait notifier sans retard à l'intéressé.

« Les punitions ne sont jamais notifiées en présence des inférieurs des militaires punis; elles peuvent être insérées aux ordres dans le cas prévu à l'article 163.

Exercice du droit de punir.

Art. 189. Tout supérieur a le droit de punir, en toute circonstance de temps et de lieu, les militaires appartenant, même provisoirement, au même corps ou service que lui; il possède également ce droit, dans les bâtiments et établissements de la guerre et dans l'intérieur des détachements, à l'égard de tout militaire même appartenant à un corps ou service différent du sien.

« Les fautes commises dans une place, en dehors d'un établissement de la guerre, et constatées par un supérieur d'un autre corps ou service que le militaire fautif, donnent lieu à une demande de punition dans les conditions fixées par l'article 47 du décret du 1er octobre 1909 sur le service de place. »

Inscription et sanction des punitions.

« *Art. 190.* Les punitions figurent toutes à la situation-rapport de l'unité. Elles sont portées à la connaissance du commandant de l'unité, soit par les comptes rendus de ses subordonnés, soit par les notifications transmises par le service général s'il s'agit de punitions infligées par des gradés étrangers à l'unité.

« Elles ne deviennent définitives et leur exécution ne commence qu'après la sanction du commandant de l'unité, ou, en cas d'urgence, de l'officier de service prévu par l'article 103 du présent décret. Toutefois, tout militaire à qui une punition a été notifiée est, dès ce moment, consigné au quartier ou garde les arrêts simples.

« Toute punition de prison égale ou supérieure à huit jours, doit faire l'objet d'un rapport écrit; elle ne peut être prononcée sans que le chef qui l'inflige ait recueilli de vive voix ou par écrit les explications du militaire puni. »

Tableau des punitions qui se décomptent par jour (sous-officiers, caporaux et soldats).

« *Art. 198.* Le maximum des punitions se décomptant par jour, qui peuvent être infligées par les différentes autorités hiérarchiques aux sous-officiers, caporaux et soldats, est indiqué dans le tableau ci-dessous :

DÉSIGNATION des AUTORITÉS pouvant infliger des punitions	MAXIMUM DE DURÉE DES PUNITIONS pouvant être infligées aux:		OBSERVATIONS
	Caporaux-fourriers sous-officiers	Caporaux Soldats	
Caporal et caporal-fourrier	....	2 jours de consigne	(1) Peuvent être prononcées seulement par les adjudants de semaine dans leur service spécial ou par les adjudants dans leur compagnie.
Sous-officier	2 jrs d'arrêts simples	4 j. de cons. 2 j. d. s. dp. (1)	
Sous-Lieutenant ...	4 jrs d'arrêts simples	8 jours de consigne 4 j. de salle de police	(2) En dehors de leur unité les officiers supérieurs n'ont droit de prononcer que des punitions de durée moitié moindre (8 jrs pour les arrêts simples et la salle de police).
Lieutenant..........			
Capitaine (hors la compagnie).......			
Capitaine (dans la compagnie)......	15 jrs d'arr. simples 8 jrs d'arrêts de rigueur	30 jours de consigne 15 j. de salle de police 8 jours de prison	
Chef de bataillon (dans son unité)..			
Lieutenant - colonel (dans son régiment) (2)........			(3) Les droits existant pour le général commandant une division d'infanterie à l'égard de son artillerie divisionnaire. dont 8 de cellule pour les soldats seulement.
Officier supérieur (chef de corps)..	30 jrs d'arr. simples 15 jrs d'arr. de rigueur	30 j. d. cons. 30 j. de salle de police 15 j. d. prison	
Officier général (hors de son commandement).........			
Dans son commandement :			
Le général commandant la brigade peut infliger au total..........	20 jrs d'arr. de rigueur	20 j. d. prison	dont 10 de cell. pour les soldats seulement.
Le général commandant la division peut infliger au total (3)........	25 jrs d'arr. de rigueur	25 j. d. prison	dont 12 de cell. pour les soldats seulement.
Le général commandant le corps d'armée peut infliger au total.........	30 jrs d'arr. de rigueur	30 j. d. prison	dont 15 de cell. pour les soldats seulement.

De plus, les soldats, caporaux et sous-officiers, autorisés à sortir du quartier après l'appel du soir peuvent être privés de cette faculté par le capitaine dans sa compagnie et par les officiers supérieurs pour une durée n'excédant pas 30 jours.

Punitions à infliger aux officiers.

« *Art. 205.* Les punitions des officiers sont :

« Les avertissements du capitaine, du commandant et du colonel;

« Les arrêts simples;

« Les arrêts de rigueur;

« Les arrêts de forteresse.

« Ces punitions sont inscrites au feuillet personnel de l'officier puni.

« L'avertissement du capitaine est donné à l'intéressé en particulier et sans formalité définie.

« Les avertissements du commandant et du colonel sont donnés en présence d'un ou plusieurs officiers plus élevés en grade ou plus anciens que l'officier qui encourt cette sanction.

« L'officier aux arrêts simples n'est exempt d'aucun service; il est tenu de garder la chambre sans recevoir personne, excepté pour affaires de service; il peut toutefois prendre ses repas au dehors avec l'autorisation du chef de corps.

« L'officier aux arrêts de rigueur et aux arrêts de forteresse n'exerce, pendant la durée de sa punition, aucune fonction de son grade; l'officier aux arrêts de rigueur est tenu de garder la chambre sans recevoir personne et d'y prendre ses repas. L'officier qui rompt ses arrêts est puni d'arrêts de forteresse.

« Les arrêts de forteresse sont subis dans un bâtiment militaire, désigné par le commandant de corps d'armée. La décision qui inflige les arrêts de forteresse spécifie que l'officier se rendra librement ou non dans le lieu où il doit subir sa punition; dans le second cas, elle indique comment il y sera conduit. »

Durée des punitions à infliger aux officiers.

« *Art. 208.* Dans les corps de troupe les durées des punitions à infliger aux officiers sont fixées comme il suit :

TABLEAU

DÉSIGNATION DES AUTORITÉS pouvant prononcer les arrêts	NATURE ET DURÉE DES ARRÊTS pouvant être infligés
Lieutenants ou (éventuellement) sous-lieutenants..............	2 jours d'arrêts simples.
Capitaine ou officier supérieur hors de son unité.................	4 jours d'arrêts simples.
Capitaine ou officier supérieur dans son unité....................	8 jours d'arrêts simples.
Officier supérieur chef de corps..	30 jours d'arrêts simples.
Officier général, hors de son commandement....................	15 jours d'arrêts de rigueur.
Général de brigade, dans l'étendue de son commandement.........	30 j. d'arrêts simples ou de rig. 8 jours d'arrêts de forteresse.
Général de division, dans l'étendue de son commandement (artillerie divisionnaire comprise).........	30 jours d'arrêts simples ou de rigueur. 15 jours d'arrêts de forteresse.
Général commandant le corps d'armée, dans l'étendue de son commandement....................	30 jours d'arrêts simples, de rigueur ou de forteresse.

Paris, le 24 juillet 1912.

DÉCRET.

Art. 1er. Le décret du 4 février 1911 est abrogé; l'article 73 du décret du 25 mai 1910 est rétabli.

Paris, le 24 juillet 1912.

DÉCRET.

Art. 1er. L'article 78 du décret du 25 mai 1910, sur le service intérieur des corps de troupe, est remplacé par le suivant :

« *Art. 78.* Tous les officiers célibataires, jusqu'au rang de lieutenant inclus, prennent leur repas en commun, en une ou plusieurs tables; dans ce dernier cas, la répartition est toujours faite par fraction constituée. Le chef de corps peut accorder, à titre exceptionnel et pour des motifs dûment justifiés, des autorisations temporaires de ne pas vivre à la table commune. Le lieutenant le plus ancien de chaque table en est le président.

« Le lieutenant-colonel est spécialement chargé de la surveillance des tables des lieutenants; il s'assure que la manière de vivre des autres officiers est en rapport avec la dignité professionnelle; il intervient s'il est nécessaire.

« Dans les camps, en route et aux manœuvres, tous les officiers vivent à la même table ou par fraction constituée. Dans ce cas, les dépenses sont toujours basées sur le traitement des officiers les moins élevés en grade.

« Ces dispositions sont applicables aux officiers de réserve et de l'armée territoriale pendant les périodes d'instruction. »

Paris, le 25 juillet 1912.

DÉCRET.

Art. 1er. Les modifications suivantes sont apportées au décret du 25 mai 1910, portant règlement sur le service intérieur des corps de troupe, en ce qui concerne :

1° Les « Règles de la subordination »;

2° Les articles 17, 49, 59, 67, 163, 185, 198, 226, 231 et 239.

Règles de la subordination. — Remplacer la 8e ligne : « L'adjudant au sous-lieutenant », par les deux lignes suivantes :

« L'adjudant à l'adjudant-chef;

« L'adjudant-chef au sous-lieutenant. »

Art. 17.

a) Intercaler, entre le 2e et le 3e alinéa, l'alinéa dont le texte suit :

« Les adjudants-chefs sont nommés, suivant les armes ou services, par le général commandant le corps d'armée ou par le ministre. Ils sont destinés, en principe, à renforcer l'encadrement des unités dont le personnel « officiers » sera réduit ou présenterait des incomplets momentanés. »

b) Remplacer le texte actuel de l'alinéa 5, qui devient l'alinéa 6, par le texte ci-après :

« Le chef de corps répartit entre les différentes unités du corps, au mieux des intérêts du service, les adjudants-chefs qui ne sont pas organiquement chargés d'emplois spéciaux. »

Art. 49.

Remplacer le texte actuel du 1er alinéa par le texte qui suit :

« Le capitaine a pour auxiliaires directs les lieutenants, sous-lieutenants, et, s'il y a lieu, les adjudants-chefs affectés à l'unité. »

Art. 59.

Remplacer le titre et le texte de la première phrase du 1er alinéa par le titre et le texte ci-après :

Officiers et adjudants-chefs de l'unité.

« *Art. 59.* Les lieutenants, sous-lieutenants et, s'il y a lieu, les adjudants-chefs, sont les auxiliaires directs du capitaine... »

Art. 67.

Remplacer la seconde phrase du 12e alinéa, modifié par le décret du 8 avril 1912, par la suivante :

« Les adjudants-chefs et adjudants, ainsi que les sous-officiers mariés à solde mensuelle, peuvent porter cette tenue les dimanches et jours fériés. »

Art. 163.

Substituer au texte actuel de l'avant-dernier alinéa le texte suivant :

« 3° Les extraits des tableaux d'engagement, en ce qui concerne les officiers, adjudants-chefs et adjudants du régiment. »

Art. 185.

Ajouter, en tête de l'article, l'alinéa dont le texte suit :

« Les adjudants-chefs logeant au quartier sont autorisés à rentrer à toute heure. »

Art. 198.

Remplacer le texte actuel du renvoi (1) du tableau des punitions, tel qu'il a été arrêté par le décret du 14 mai 1912, par le texte suivant :

---

(1) Peuvent être prononcées seulement par les adjudants de semaine dans leur service spécial ou par les adjudants-chefs ou adjudants dans leur compagnie.

Art. 202.

Substituer au texte actuel de l'avant-dernier alinéa, commençant par les mots « Par le Ministre », le texte ci-après :

« Par le Ministre,

« *Sur l'avis du conseil d'enquête* (constitué conformément au décret sur la composition de ces conseils) : adjudants-chefs, chefs armuriers (rétrogradation ou cassation). » (Le reste sans changement.)

Art. 226.

1° Intercaler « aspirant » entre « maréchal des logis chef » et « adjudant »;

2° Ajouter, *in fine*, « adjudant-chef ».

Art. 231.

1° Intercaler « aspirant » entre « maréchal des logis chef, maréchal des logis chef mécanicien » et « adjudant, adjudant maréchal ferrant »;

2° Ajouter, *in fine*, « adjudant-chef ».

Art. 239.

1° Intercaler « aspirant » entre « maréchal des logis chef » et « adjudant »;

2° Ajouter, *in fine*, « adjudant-chef ».

Paris, le 8 septembre 1912.

DÉCRET.

Art. 1er. Le dernier alinéa de l'article 18 du décret du 25 mai 1910 susvisé est abrogé, à l'exception de la disposition finale :

« Il avise le Ministre, par télégramme, de tout décès d'officier et de tout événement grave survenu au régiment. »

Paris, le 30 octobre 1912.

DÉCRET.

Art. 1er. Le 3° paragraphe de l'article 52 du décret susvisé du 25 mai 1910 est remplacé par les dispositions suivantes :

— 15 —

« Lorsqu'une coopérative est spécialement affectée à son unité, le capitaine en surveille de près le fonctionnement et observe, en ce qui le concerne, les prescriptions des articles 11 et 80. »

Paris, le 19 février 1913.

Décret.

Art. 1er. Le texte actuel de l'article 180 du décret du 25 mai 1910 portant règlement sur le service intérieur des corps de troupe est abrogé et remplacé par le suivant :

« *Art. 180.* Le colonel a toute qualité pour accorder, selon les règles ci-après, des permissions faisant mutation aux militaires du régiment :

« 1° Aux officiers et assimilés, avec solde de présence, jusqu'à trente jours;

« Le général de brigade accorde, dans les mêmes conditions, des permissions au colonel; il rend compte au Ministre de celles de ces permissions qui dépassent huit jours;

« 2° Aux sous-officiers dont le service a dépassé la durée légale, avec solde et accessoires, jusqu'à trente jours;

« 3° Aux caporaux et soldats dont le service a dépassé la durée légale, sans solde, mais avec la haute paie, jusqu'à trente jours;

« 4° Aux engagés volontaires, quelle que soit la durée de leur engagement, pendant chacune de leurs deux premières années de service, jusqu'à trente jours.

« Ne peuvent, toutefois, bénéficier de cette faveur les engagés volontaires dits « par devancement d'appel », qui sont normalement susceptibles d'être libérés après leurs deux premières années de service et rentrent, pendant ces deux années, dans la catégorie visée à l'alinéa ci-après;

« 5° Aux sous-officiers, caporaux et soldats n'ayant pas encore accompli la durée légale du service, en conformité des prescriptions de la loi du 21 mars 1905 interdisant, pendant cette durée, de dépasser pour ces militaires le chiffre total de trente jours de permission, en dehors des dimanches et jours fériés.

« Le colonel peut cependant, dans des cas de force majeure, qu'il apprécie, et dûment justifiés, accorder aux militaires de cette catégorie des permissions n'entrant pas dans le décompte des trente jours formant le maximum légal; il rend compte au général de brigade des permissions accordées dans ces conditions.

« Les permissions sont subordonnées aux nécessités du service; elles sont accordées de préférence aux époques où la progression de l'instruction s'y prête le mieux, à celle des fêtes légales, des travaux agricoles ou à l'occasion d'événements ou cérémonies de famille.

« Le colonel peut déléguer aux commandants de groupe et d'unités le droit d'accorder, pour les dimanches et jours fériés, ou en cas d'urgence, des permissions faisant mutation.

« Dans les cas d'urgence, la permission ainsi accordée doit être limitée au minimum indispensable, jusqu'à décision du colonel. »

Paris, le 15 mars 1913.

DÉCRET.

Art. 1er. L'article 103 du décret du 25 mai 1910, modifié le 14 mai 1912, est remplacé par le suivant :

Police générale et propreté de la caserne et ses abords.

« *Police générale et propreté de la caserne et ses abords.*
« *Art. 103.* La police générale de la caserne est assurée par le commandant de service, secondé par l'officier adjoint. Elle comprend la police des locaux disciplinaires et des cantines, l'inscription des sorties ou rentrées des militaires et l'inspection de leur tenue au moment de ces sorties ou rentrées. Elle comprend également : l'exécution des consignes données au sujet de l'admission des étrangers à la caserne, de l'entrée ou de la sortie des colis ou paquets divers, de l'enlèvement des fumiers et eaux grasses, de l'interdiction de vendre des journaux à l'intérieur de la caserne, de la garde des parcs ou magasins contenant du matériel, l'interdiction d'y laisser pénétrer les chiens; enfin, elle impose, suivant les circonstances, au personnel de service, l'initiative et l'exécution de toute mesure nécessaire pour maintenir le bon ordre.

« Le commandant de service fait, en outre, assurer la surveillance, la propreté et l'entretien des cours et abords de la caserne, des pistes, gymnases, séchoirs et, en général, de tous les locaux communs à l'ensemble des unités du régiment.

« Un poste réduit au strict nécessaire est établi à la

porte d'entrée de la caserne; une consigne permanente approuvée par le colonel et, suivant les circonstances, des consignes verbales données par le commandant de service fixent les devoirs du chef de poste et lui donnent les indications nécessaires pour assurer l'exécution des services dont il est chargé.

« En ce qui concerne la sécurité et la police de la caserne pendant la nuit, le commandant d'armes est chargé, par délégation du commandant de corps d'armée, de déterminer, d'après les circonstances locales, les cas dans lesquels la présence constante d'un officier de service est nécessaire pour la sécurité du quartier, le maintien de la discipline et l'exécution des ordres inopinés.

« Quand il juge cette mesure nécessaire, il en prescrit l'exécution au chef de corps ou de détachement et en rend compte au commandant de corps d'armée.

« L'officier astreint de coucher au quartier est, en principe, l'officier adjoint au commandant de service. Toutefois, si l'application de la mesure doit se prolonger et si les officiers adjoints ne sont pas au nombre de trois, le chef de corps ou de détachement peut les faire suppléer, pendant la nuit, par un lieutenant, ou sous-lieutenant, désignés à tour de rôle.

« Ce suppléant est sous les ordres du capitaine adjoint et reçoit de lui communication des consignes dont l'exécution doit être particulièrement surveillée; il prescrit les contre-appels et fait ou fait faire dans tous les locaux les rondes ordonnées ou qu'il juge nécessaires; il peut se coucher quand les exigences de son service ne s'y opposent pas.

« En cas d'arrivée d'ordres inopinés et urgents ou de danger menaçant la sécurité du quartier, l'officier de nuit prend les mesures appropriées à la situation et avertit aussitôt l'officier adjoint et, s'il y a lieu, les autres chefs intéressés. L'officier adjoint se rend immédiatement au quartier.

« En outre, et dans tous les cas, le sous-officier adjoint au commandant de service couche obligatoirement au quartier; il est sous les ordres de l'officier de service de nuit.

« Dans les casernements occupés par plusieurs corps, le service de nuit peut, d'après les ordres du commandant d'armes, être assuré par un seul officier assisté des sous-officiers adjoints de chacun de ces corps. »

TABLE DES ARTICLES MODIFIÉS

Marc Imhaus et René Chapelot, Nancy et Paris.